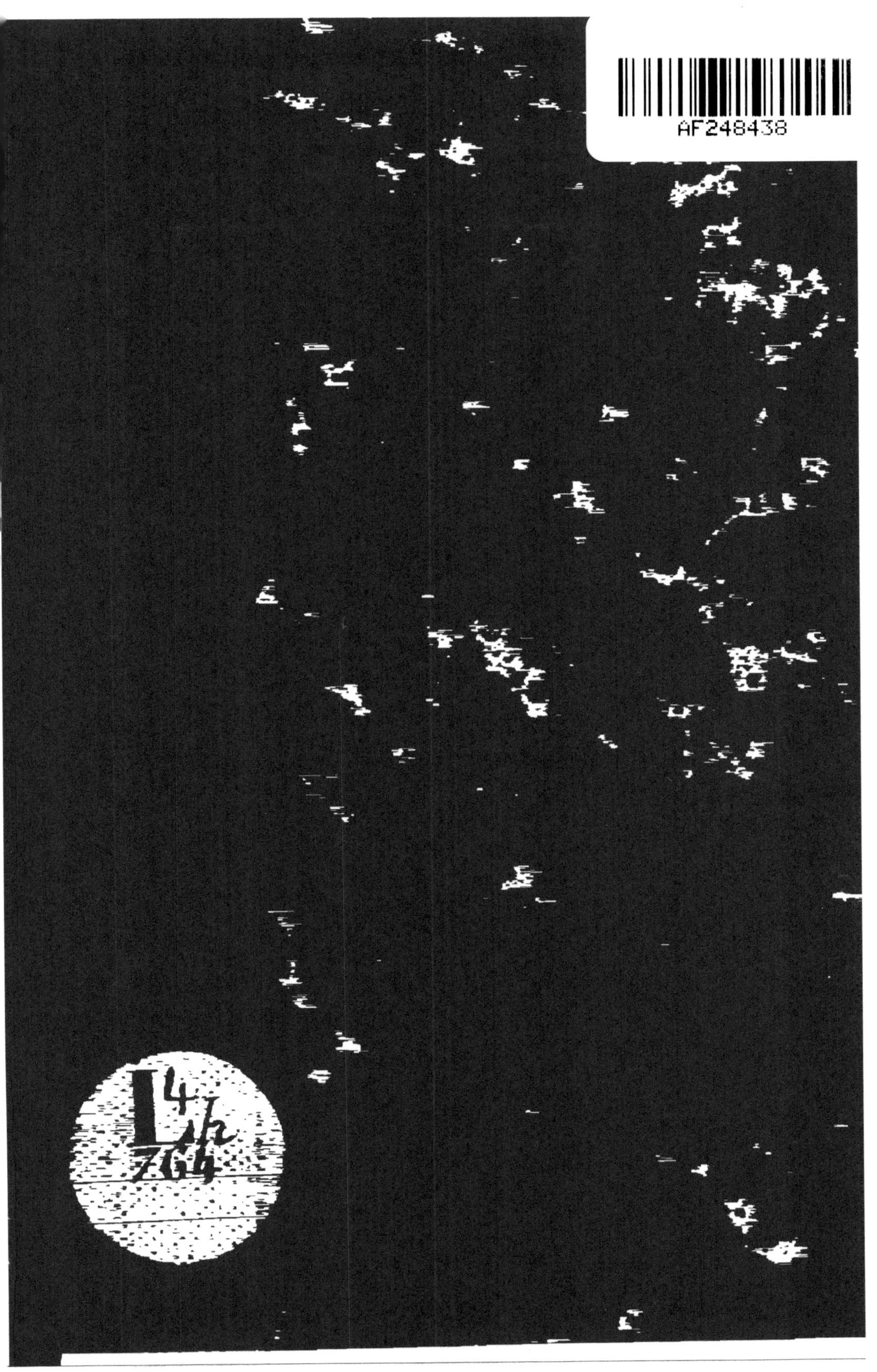

SIX SEMAINES

AVEC

LES PRUSSIENS

SIX SEMAINES

AVEC

LES PRUSSIENS

TOURS

IMPRIMERIE A. MAME ET FILS

—

1871

SIX SEMAINES

AVEC

LES PRUSSIENS

La Chevrière.

20 janvier 1871. — Hier je suis arrivé de Tours, me repliant devant les Prussiens, qui entraient en ville au nombre de 15,000, et laissant derrière moi ma mère bien affaiblie et déjà frappée par la captivité de mon frère, laissant ma fille Lucienne avec ses inquiétudes pour son mari, dont elle n'a pas de nouvelles depuis plus de quinze jours, et la maladie grave du petit Joseph. Tout cela est plus que triste.

Les uhlans ne perdent pas de temps, et on ne peut pas leur refuser la témérité : ils sont venus dès ce matin jusqu'à la ferme des Joncs, sur la route d'Azay, et une lettre de M. de Sazilly m'apprend qu'ils ont paru du côté du Ripault et jusqu'à Montbazon.

Je trouve nos populations des campagnes assez calmes en face d'un danger imminent; elles ne sont pas affolées de terreur, comme il y a deux mois; on se fait à la misère comme au bien-être, et, après quelques jours d'anxiété et d'angoisses, l'habitude nous a rendus presque insensibles.

J'envoie mes lettres à Azay, pour annoncer à tous nos amis notre envahissement, et pour les prier de m'envoyer toutes les nouvelles et tous les journaux qu'ils pourront. — Tout va en s'envilainissant, comme disait, à la veille de la grande révolution, la marquise de la Galissonnière : — non-seulement les choses de la politique vont à la diable, mais les biens de la terre ont aussi une triste apparence : les choux, les jarosses sont gelés, les blés gravement compromis; il ne nous manque rien de tous les fléaux de l'Apocalypse. Depuis près de vingt ans la France était pourtant florissante et heureuse; elle n'avait qu'à se laisser vivre. Hélas! comme il y a quarante ans, comme il y a vingt-deux ans, il a fallu se lancer encore en pleines révolutions, et l'on dit que l'expérience apprend quelque chose : ce n'est toujours pas dans notre malheureux pays, livré aux journalistes et aux avocats. Nous ne sommes pas encore au plus creux, et nos plus mauvais jours ne sont pas encore arrivés.

> Je ne vois que corbeaux volant dans un ciel gris
> Et nous épouvantant de leurs sinistres cris;
> Cependant de Saché la cloche peu sonore
> Pleure à l'enterrement d'un homme jeune encore
> Que le fléau cruel, etc.

21 JANVIER. — Jour de brouillards épais et sombres, jour de date sinistre, et que Paris expie peut-être à l'heure qu'il est.

Nous sommes coupés de toutes nouvelles, et les *on dit* volent dans l'air : on dit que Depont, le sculpteur et l'espion prussien, est

passé hier, se rendant à Azay. — On dit que
400 Prussiens occupent Montbazon. — On dit
que 40 uhlans sont à Azay, avant-garde d'un
corps qui marcherait sur Chinon. — Un char-
retier de Loir-et-Cher, qui convoyait l'armée
de Chanzy, est passé ce matin à la basse Chevrière; il dit que la débandade a été affreuse
au Mans. Où sont nos pauvres mobiles?

5 heures du soir. — Notre tour n'est pas
encore arrivé aujourd'hui. Lemesle et quelques voisins ont vu, à Boitirau, 14 uhlans.
L'officier leur a parlé, et leur a dit que messieurs les gendarmes avaient tiré sur eux le
matin, dans la forêt de Villandry. A quatre
heures et demie, on a encore entendu des
coups de fusil de ce côté. Hier, neuf uhlans
s'étaient arrêtés chez Dugué, au coin de la
route de Pont-de-Ruan; ils ont joué au bil-
lard et ont dit aux paysans qui se trouvaient
là : « Ce n'est pas votre faute; c'est ce M. Gambetta, qui dit toujours qu'il est vainqueur,
tandis qu'il est toujours battu, etc. »

J'envoie à Tours deux hommes, qui essaie-
ront de pénétrer; je suis très-inquiet de savoir ce qui se passe par là. Au mois de dé-

cembre, le bombardement de la ville de Tours,
si brutal, si dénué de raisons, nous a laissé
de sombres préoccupations, et il a fallu que le
devoir me fît une nécessité de venir dans ma
commune, pour abandonner des femmes seules
à Tours.

22 JANVIER. — Par un beau soleil, nous
sommes allés de grand matin à la messe
d'Azay. La ville est en rumeur et sent la pou-
dre. Hier les uhlans se sont présentés, et
n'ont pas pu entrer; les gendarmes en ont
blessé et pris deux. Le brigadier Bourdonnet
en a chargé trois à lui seul, comme ils entraient en ville. On attend quelques troupes
à Azay; une espèce de défense a l'air de s'organiser. Mes lettres passeront encore par Chinon, et donneront de nos nouvelles à Saintes
et à la Rochelle.

Montigny et Urbain, mes deux émissaires,
sont revenus assez penauds; ils disent qu'on
les a empêchés d'aller plus loin que la montée
de l'Avallou; que l'on peut entrer, à la ri-
gueur, dans Tours, mais que l'on n'en sort
pas; — c'est comme dans la caverne du lion.

> Je vois fort bien comme l'on entre,
> Et ne vois pas comme on en sort.

On annonçait 400 uhlans marchant sur Azay par notre petite route de Pont-de-Ruan; cela s'est réduit à quelques éclaireurs, qui ont été encore recevoir les coups de fusil des gendarmes dans la forêt de Villandry.

A quatre heures, nouvelles de Tours, que m'envoie mon voisin, M. de Sazilly. C'est une lettre de Mme de V***, dont son garde Boisgard s'était chargé. Il s'est échappé comme un fou de la ville, au risque de recevoir des coups de fusil. L'occupation est douce; ils auront eu honte de leur bombardement de décembre. Point de soldats chez l'habitant; la ville fournit par jour dix mille rations pour les hommes, et trois mille pour les chevaux.

On laisse entrer à Tours; on ne laisse pas sortir sur la rive gauche de la Loire. Nous sommes, nous, dans la partie belligérante. Les nouvelles sont : Sorties échouées à Paris. Bourbaki battu devant Montbéliard. On entend depuis quatre jours le canon du côté de Vendôme. Est-ce le général de Pointe, qui après avoir repris Pithiviers, aurait continué ses succès? Serait-ce le bombardement de Paris et les grosses pièces des Prussiens qui se feraient entendre à plus de soixante lieues?

Je suis allé dîner à Thorigny; les uhlans viennent tous les jours se promener à Montbazon. On ne leur tire pas de coups de fusil comme chez nous; ils ne font point de mal, et vont tranquillement au café. Ce matin, cependant, il est arrivé par le chemin de fer vingt zouaves, qui se sont embusqués dans les mines pratiquées sur le viaduc de l'Indre. Trois uhlans venaient flâner par là. Au lieu de les attendre à bonne portée, mes zouaves, qui n'ont sans doute que la pelure de zouave, les ont tirés à 500 mètres, et les ont bel et bien manqués.

Une de nos grandes terreurs, je l'avoue, c'était de voir les francs-tireurs, ces francs-tireurs qui grouillaient en si grande quantité sur le pavé de Tours, se jeter dans tous ces bois qui nous environnent, et organiser là une résistance peut-être fatale pour nous; car pour un soldat tué, les Prussiens incendient et brûlent des villages entiers. A Varize, près de Châteaudun, les paysans, fatigués des ré-

quisitions, s'étaient réunis, et avaient réussi à
faire tomber quatorze uhlans dans une em-
buscade ; douze furent tués, mais il s'en
échappa malheureusement deux. Le lendemain, une colonne de Prussiens arriva avec
deux canons, et froidement ils brûlèrent le
château, l'église et soixante-treize maisons,
sur les soixante-quinze dont se composait le
village. Ceci n'est point un *racontar* plus ou
moins ingénieux des journaux. On a quêté
dans Tours pour les malheureuses victimes de
Varize en même temps que pour Châteaudun.

Eh bien ! nous, pendant que nous sommes
menacés par les Prussiens, dont le flot gros-
sissant toujours fait comme un temps d'arrêt
sur la ligne de la Loire, nous pouvons consta-
ter que les francs-tireurs n'ont pas paru de
nos côtés ; qu'à de rares et glorieuses excep-
tions près, ils sont habituellement plus que pru-
dents, et qu'en général ils se tiennent à deux
jours de distance des Prussiens. Les francs-
tireurs sont comme les Parisiens : on leur taille
dans les journaux une réputation d'héroïsme
dont il faudra furieusement rabattre au jour
de la grande liquidation.

Je le répète, nous n'avons pas vu trace de francs-tireurs pendant les dix jours de notre petite guerre, et cependant, avec les bois qui foisonnent ici, et le voisinage de la forêt de Chinon, il y avait quelque chose à faire.

Il est curieux de voir comme à une distance de trois lieues les faits se grossissent et s'altèrent; ainsi, à Comacre, on croit qu'il y a une batterie de canons à Thorigny, prête à tirer sur Montbazon; et ma belle-sœur, qui a laissé sa petite fille à sa mère, écrit en pleurant : « Surtout, qu'on ne laisse pas bombarder la mignonne. »

23 JANVIER. — Je suis reparti de Thorigny, heureux d'avoir passé quelques bonnes heures avec ces excellents voisins...

On est toujours sans nouvelles de mon frère, pris au combat de Baule. On lui a envoyé deux lettres par la voie prussienne. Nous sommes également sans lettres de Montlivault, et tout naturellement on m'apporte des bruits inquiétants. Un de ses mobiles, revenu, l'aurait laissé blessé *avec un mauvais coup;* c'est son expression.

Je trouve au retour mon garde champêtre et mon secrétaire de la mairie, qui m'apportent des nouvelles de la commune : les glaces ont rompu le pont sur l'Indre, et je suis à peu près séparé de mes administrés; et, comme mon adjoint a la scarlatine, il faut qu'ils s'administrent tout seuls. Voici encore une lettre de Tours. On m'annonce que les Prussiens sont exaspérés de voir leurs éclaireurs tués ou pris sur la route d'Azay, et qu'aujourd'hui même une colonne de cent hommes, avec deux pièces de canon, va occuper Azay. Nous voilà donc complétement en leur pouvoir, et ils ne seront pas longs à venir galoper dans les allées du château Robin. On entend toujours le canon dans la direction de Blois.

A quatre heures, Manette Lambert arrive de Tours et m'apporte de meilleures nouvelles des enfants. En passant à Boitirau, sur la lisière de la forêt de Villandry, Manette a vu les uhlans tuer un braconnier qui avait tiré sur eux, et emmener cinq ou six autres prisonniers; à onze heures du soir arrive la Desgranges, femme de mon maçon. Le pauvre diable, qui passait à Boitirau avec sa petite fille, a été saisi par les Prussiens et conduit à Tours. Je la renvoie avec une lettre de recommandation pour M. Goüin. La consternation est dans notre pays.

Mardi 24. — Racontars des paysans: les Prussiens auraient emmené vingt-cinq individus; — c'est vrai. — M. Colas, arrêté et mis en avant de la colonne qui entrait à Azay, à force de cris et de supplications, est relâché. Il m'arrive un témoin oculaire, Crevoisier, ancien fermier de Loché; il a vu tuer le pauvre Aubert : un uhlan lui a fait sauter la cervelle au milieu des vingt-cinq prisonniers; il avait tiré sur eux à bout portant. Les Prussiens, au nombre de quatre-vingts, sont entrés à Azay; à défaut du maire ils ont demandé l'adjoint : l'officier a déclaré que si l'on continuait à tirer sur ses hommes, il reviendrait brûler la ville et le château : l'adjoint a été très-calme et très-digne, et les Prussiens se sont retirés après avoir réquisitionné le tabac et les cigares. C'est en s'en allant d'Azay qu'ils ont fait razzia sur tous les individus qu'ils ont pu ramasser sur la

route : cantonniers, voyageurs, ils ont tout
emmené, quitte à débrouiller cela plus tard.

MERCREDI 25. — Maillou, le garde champêtre, a enfin reçu une lettre de son fils,
soldat. Sans nouvelles depuis six mois, il le
croyait mort. Prisonnier à Metz, il a été, à
la fin de décembre, renvoyé en Belgique ; ils
ont bien souffert de la famine pendant le siége.

A Azay, il paraît que la défense s'accentue
et s'organise ; il est arrivé une vingtaine de
chasseurs d'Afrique : on attend des mobili-
sés de la Mayenne, et on parle d'un camp
dans la forêt de Chinon. Va-t-on faire d'Azay
un autre Châteaudun ? C'est bien glorieux ;
mais... Allons-nous devenir champ de bataille ? gare aux éclaboussures ! Bacot m'envoie de Chinon une lettre de Montlivaut. Nos
mobiles sont à Bonchamp, en avant de Laval,
tout à fait en première ligne ; le 18, ils se sont
battus ; une partie du premier bataillon et la
compagnie de M. de Pronleroy ont été enga-
gés ; les Prussiens ont été repoussés, et nos
mobiles d'Indre-et-Loire se sont encore vail-
lamment conduits.

Une lettre de Tours. — Nos petits malades
vont mieux; l'occupation reste douce; le
maire a fait merveille auprès du général
Hartmann, qui a déclaré que, depuis qu'il est
en France, il n'avait jamais rencontré un
maire aussi bien et ayant des manières aussi
distinguées. « Pardieu! c'est facile à conce-
voir, lui a-t-on répondu, vous n'avez eu
affaire jusqu'ici qu'à des maires républicains. » Les Prussiens ont fait sauter le viaduc de Saint-Cosme et celui de Cinq-Mars. On
dit qu'ils ont relâché quelques-uns de nos
prisonniers.

La nourrice du petit Charles m'arrive; la
pauvre femme, qui est à la veille d'accou-
cher, n'a pas vu revenir son mari, arrêté
lundi : je sais que les efforts de Mme de V...,
pour sa délivrance, ont été infructueux. Je
me décide à la faire partir pour Tours : elle
sera peut-être plus heureuse. Les Prussiens
menacent d'envoyer en Prusse tous les prisonniers d'Azay, si la ville ne paie pas
3,000 francs pour leur rançon; et ce n'est
pas du tout l'idée de la ville d'Azay. Trois
prisonniers de la commune de Druyes ont

payé 3,000 francs aux Prussiens, et ont été relâchés.

Émilien m'envoie de Saintes des journaux et des nouvelles. Les affaires vont toujours aussi mal que possible : Faidherbe est battu, — mais glorieusement, — à Saint-Quentin ; Bourbaki, en déroute, va renouveler les lugubres traditions de la retraite de Russie ; Chanzy, malade, tient à peine à Laval ; les Parisiens font des simulacres de sorties, n'avancent à rien, ne peuvent rien, et cela se conçoit ; Ducrot est réduit à quelques troupes à demi bonnes : la garde nationale ne veut pas se battre ; elle réserve son précieux sang pour la guerre civile, c'est clair comme le jour ; aveugle qui ne voit pas cela.

J'ai voulu envoyer un exprès à Thorigny ; mais depuis l'arrestation que les Prussiens ont faite lundi, la terreur est telle que j'ai eu bien de la peine à décider un de mes jardiniers à suivre la route des bords de l'Indre, route où n'ont pas encore paru nos ennemis. Je ne reçois pas grandes nouvelles de ce côté-là ; cependant il paraîtrait que Sainte-Maure est occupé par un corps français, et en ce moment les Prussiens ne tentent plus de venir à Azay et ne s'étendent guère au delà de Ballan. Vilain temps et forte gelée.

Vendredi 27. — Un peu de neige. Catillon de la Dalvinière vient me voir pour son fils, mobile blessé à Beaugency, et dont le congé expire : je l'envoie à Chinon.

Desgranges, revenu de Tours, vient me raconter sa captivité : sauf un voyage à pied un peu rapide et un jeûne de trente heures, il ne se plaint pas trop. On les avait déposés au corps de garde de la préfecture, pêle-mêle avec le poste prussien. Le premier jour, les Prussiens étaient assez désagréables, et disaient volontiers : « Français, tous capout. » Le deuxième jour, ils partageaient avec eux leurs rations ; le troisième, ils se grisaient ensemble et s'embrassaient les larmes aux yeux en se quittant. Voilà le récit de Desgranges, fort peu enthousiaste de sa nature.

Je reçois une lettre de mes amis de Genève. La Suisse devient bonne pour nous ; il n'y avait que la crainte de l'empire et de l'annexion qui avait pu étouffer ses sympathies toutes françaises. J'en suis heureux pour ma part ; car j'ai en Suisse, et surtout à Genève, de bien bonnes et précieuses amitiés qui ne nous ont point fait défaut dans le malheur. Les Suisses ont été admirables pour l'armée de Bourbaki, qui est arrivée à Porrentruy à demi morte de faim. 12,000 soldats ont eu les pieds gelés. Nous avons contracté là une grande dette avec nos voisins.

PENDANT LA VEILLÉE

. . . . . La vie est devenue étrangement mauvaise
Et les fléaux du ciel pleuvent de tous côtés :
Si la mort veut de nous, qu'elle en fasse à son aise !
Mais que j'aurai de peine à vous avoir quittés,
Mes amis, mes enfants, et vous, ma pauvre femme,
A qui j'avais donné le meilleur de mon âme.
... Que Dieu vous guide et vous conserve son appui,
Lui seul peut vous sauver, mes enfants, aujourd'hui.

— De me plaindre, je n'ai ni le droit ni l'envie,
Et je rends grâce à Dieu qui m'a fait d'heureux jours ;
Il me les a repris, qu'il soit béni toujours !
... Je veux mourir où j'ai vécu toute ma vie,
Dans ces lieux que j'aimais, que nous embellissions ;
Mourir en regardant sur les coteaux de l'Indre
S'incliner le soleil ; sous ses derniers rayons
Je fermerai les yeux doucement sans me plaindre.

Samedi 28. — Temps froid et sombre. On annonce une rencontre au-dessus de Montbazon, entre vingt chasseurs d'Afrique et vingt uhlans ; ce n'est guère possible, les uhlans ne se battent pas : ce sont des éclaireurs, et voilà tout. A huit heures du soir arrive la pauvre nourrice avec son mari. Elle est allée trouver le général Hartmann, qui a été touché de sa gentillesse et de sa position ; il lui a même très-gracieusement fait remettre un peu d'argent pour ses frais de route. Au milieu de tant de froide barbarie, cela console de rencontrer par-ci par-là un cœur humain et généreux. Il ne reste donc plus aux mains des Prussiens que deux habitants d'Azay, qui vont probablement être envoyés en Allemagne.

Dimanche 29. — A la messe à Azay, j'ai rencontré un des brillants éclaireurs de la Vienne, le comte de la Roche-Thulon ; je l'emmène à Saché, où il est envoyé pour son service. Il me dit que les escarmouches continuent du côté de la forêt et en se rapprochant du château de Villandry, qui se trouve

fort compromis entre les menaces des gens de
Valère et les incursions des uhlans.

Je trouve à Azay une lettre du curé de La-
gny, chez lequel mon frère, prisonnier, était
interné depuis le 15 décembre. Il nous apprend que mon frère lui a été enlevé et est
expédié en Allemagne. Où ? nous n'en savons
rien. Nouvelles de Paris très-graves. Émeute
de Flourens le 21, facilement réprimée. Mais
les tendances de la Commune sont manifestes.
Trochu n'est plus gouverneur. Sa popularité
a déjà sombré : c'est Vinoy qui commande
en chef. Quant au reste, Chanzy se retire sur
Brest, les débris de l'armée de Bourbaki sur
Lyon, et Faidherbe sur Lille. La guerre devient
purement défensive. On est las des deux côtés,
et il souffle des bruits de paix.

Lundi 30. — Les journaux nous apportent
la confirmation des tristes événements de
Paris. Quel fléau pour la France que cette
ville ! Si les Français ne valent pas grand'-
chose, les Parisiens ne valent rien du tout.
Ils vont se poser en foudres de guerre, et ils
manœuvreront si bien, qu'ils vont encore,

comme en 1848, se laisser avaler tout crus par la Commune, et il faudra que la pauvre province vienne prodiguer son sang et ses enfants pour les tirer des griffes des partageux. Quand donc serons-nous débarrassés de l'influence maudite de cette ville?

J'étais bien triste, quand il m'est tombé sous la main la note de notre hôtelier de Sorrente. Quel charmant souvenir! Cette navigation si douce et si facile de Capri, ce déjeuner sur la terrasse de la Sirène, avec des cailles si excellentes. Je vois arriver ce bon Allemand; — nous aimions les Allemands, alors; — il était tout enthousiasmé, et criait : « Que faites-vous donc ici? allez bien vite à Amalfi, c'est cent fois plus merveilleux que Sorrente; » et l'Allemand avait bien raison. Est-ce que cette guerre va changer leur caractère à ces Allemands que nous trouvions si bons compagnons, et dont la facilité et l'obligeance contrastaient si fort avec la froide réserve britannique.

Le soir, à cinq heures, arrive obligeamment M. de la Roche-Thulon, pour m'annoncer qu'on parle d'un armistice de vingt et un jours. Nous n'y croyions guère, quand cette heureuse nouvelle nous est confirmée par une lettre de Tours. M. de la Roche-Thulon repart pour le Poitou, et je m'en vais demain à Tours savoir de quoi il retourne. Il y a encore eu ce matin deux uhlans pris près du parc de Villandry. Décidément l'armistice arrive à propos; car sans lui je ne sais pas ce qui serait arrivé du château de Villandry et de la pauvre ville d'Azay.

3 FÉVRIER. — Je suis resté à Tours quelques jours, et, pendant mon séjour, j'ai eu occasion de voir plusieurs fois le commandant de place, et je lui ai vu faire une très-spirituel lecritique de l'indiscipline de notre armée.

Pendant que nous attendions un laissez-passer, arrive en se dandinant un sergent de zouaves employé dans une ambulance, et venant demander je ne sais quoi au major. Celui-ci lui dit : « Sergent, c'est impossible. — Ah! ah! dit le Français avec désinvolture, vous serez bien assez gentil, mon colonel, pour me faire cette faveur. » Et il insiste avec indiscrétion. Le major, calme, lui répond :

« Impossible. » Alors l'autre prend son parti, et s'en va en murmurant : « Eh bien, il est gentil le colonel ! »

Le major se tourna de notre côté, et nous dit avec émotion : « Messieurs, croyez-vous que j'aurais supporté pareille chose d'un capitaine prussien? »

Il était impossible de faire ressortir d'une manière plus piquante le manque de subordination de nos soldats.

Chez le même commandant vient un jour un petit crevé qui, en attendant son tour, se carre et se vautre dans un fauteuil. — Il y avait là des dames. — Le jeune homme se lève pour présenter sa requête. « Monsieur, lui dit le major, quand on se tient comme vous venez de le faire devant des dames, on n'a pas droit à une audience; allez. » Et il le congédie confus et désappointé.

Ce commandant de place, assez facile et accommodant, comme l'était son général, Hartmann, avait beaucoup de verve et d'entrain. Il faut bien se garder de le confondre avec celui qui l'a remplacé lors de l'arrivée de l'armée du prince Frédéric-Charles.

Ce dernier s'est fait connaître à Tours par son arrogance et ses procédés inqualifiables, et c'est lui que la ville avait unanimement surnommé *Vert-de-Gris*.

4 FÉVRIER. — Je suis revenu de Tours hier. Hélas! l'armistice nous met encore plus bas et comble notre ruine. En dépit de la signification du mot armistice, qui ne peut s'interpréter que par la *station*, la halte des armées, Jules Favre, toujours joué et dupé par Bismarck, au lieu de maintenir la Loire comme ligne de démarcation, abandonne aux Prussiens notre département tout entier, dont ils n'occupaient que le tiers, et 50,000 hommes vont s'abattre sur nous et nous sucer jusqu'à la moelle : l'incapacité du diplomate est au niveau de l'impéritie des généraux; la terre, le ciel et les hommes ont conspiré la ruine du beau royaume de France. Faudra-t-il écrire *finis Galliæ*, comme *finis Poloniæ*? Hélas! hélas! les Polonais du moins ont fini comme des gentilshommes, et nous finissons comme un peuple de gavroches.

A Tours, les listes électorales ont été improvisées. Triste cuisine et plates intrigues!

Me voici à la Chevrière, attendant l'occupation. Les Prussiens viennent à Azay : il en passe à chaque instant sur notre route.

DIMANCHE 5. — On annonce la dissolution de la délégation de Bordeaux; tant mieux, c'est un acheminement à la paix. Guerre à outrance est un mot stupide, prononcé par ceux qui ne veulent pas se battre, à commencer par les francs-tireurs, qui prétendent continuer le joli métier qui leur rapporte quarante sous par jour, très-peu de dangers et les revenants-bons de la maraude.

Franchement, à moins de folie, pouvons-nous continuer cette lutte inégale? De même que dans les carrières de Jaumont se sont englouties pêle-mêle infanterie, cavalerie et artillerie, se heurtant et se déchirant aux baïonnettes, de même dans la fatale capitulation de Sedan se sont engouffrées la gloire, la fortune et la virilité de la France. Oui, tout a été perdu en ce jour, et tout nous a poussés dans cette terrible catastrophe : folle arrogance et incurable orgueil, impardon-

nable négligence, impéritie sans nom, sur-
prises répétées, approvisionnements incom-
plets, manque d'armes, trahison, trahison
du ciel et de la terre ; non, jamais l'histoire
n'a eu à enregistrer une ruine aussi lamentable ; un empire craint, redouté du monde
entier, dont les soldats étaient entrés en vainqueurs aux deux extrémités du monde, à
Pékin et à Mexico, avaient fondé l'Italie et
humilié la Russie ; un empire qui fond en
quelques jours comme la glace au soleil ; un
empereur acclamé par sept millions de suf-
frages au 8 mai, et qui trois mois après, à la
tête de cent mille hommes, rend son épée vierge
et descend de son tremplin comme un acteur
usé, en fumant sa cigarette ; des chambel-
lans, des courtisans qui, dans les anticham-
bres, n'attendent que l'heure de trahir, et des
princes condottieri qui savent tuer avec le
revolver et manquent toujours aux champs
de bataille...

La France, la pauvre France, ainsi aban-
donnée et trahie, a prononcé le *Qu'il mourût*
du vieil Horace, et pendant cinq mois elle a
donné au monde le spectacle glorieux, mais

navrant, d'une lutte disproportionnée, insensée : pendant cinq mois, sans généraux, sans officiers, sans cadres, sans canons, elle a affronté l'armée la mieux outillée, la plus mathématiquement organisée qui se soit peut-être jamais vue ; elle a souvent étonné ses vainqueurs. Mais après tout, que vouliez-vous qu'elle fît ? « Qu'elle mourût. »

N'est-elle pas assez épuisée, assez agonisante, assez moribonde à l'heure qu'il est ? N'entendez-vous pas les râles de ses enfants meurtris et déchirés ? N'avons-nous pas un peu sauvé notre honneur, et n'est-il pas temps de veiller à l'avenir si compromis de nos destinées ?

6 Février. — Au moment de déjeuner, on m'avertit que le bourg de Saché est envahi par vingt-cinq uhlans, et que le lieutenant demande le maire ; il lui fait dire qu'il ne le mangera pas : aimable plaisanterie tudesque ! car ils veulent aussi nous piller jusqu'à notre esprit. Je trouve l'officier installé chez le curé, où il a commandé son déjeuner, qu'il m'invite à partager pendant que nous

traiterons de la rançon de la commune, entre la poire et le fromage. Ce n'est pas précisément agréable de manger à la table de ses vainqueurs ; mais il faut s'exécuter.

Mon lieutenant parle un français à peu près compréhensible : « Il y a, me dit-il, deux manières d'établir les réquisitions : ou vous m'accorderez de bonne grâce les vivres dont nous avons besoin, ou je les prendrai de force chez les habitants ; entre nous, je vous conseille de choisir la première manière, parce que je ne réponds pas absolument de la moralité de mes gens, et leurs mains peuvent se tromper. » Mon choix était tout fait. « Alors, me dit-il, faites vos propositions. » J'offre tant d'avoine, de paille et de foin, et il accepte. Il insiste très-vivement pour les pommes de terre, et je résiste, parce qu'il n'y en a pas Mes réquisitions doivent être livrées en quatre jours différents : nous tombons d'accord, et il me promet de faire accepter mes propositions par son chef, le colonel du 4e ublans. Dans ce cas, on ne demandera plus rien à la commune de Saché. Parfaitement renseigné sur leurs manières de procéder, je me disais : Crois cela, et bois de l'eau.

En attendant, mon officier était fort convenable et visiblement satisfait de ma résignation à partager son déjeuner. De sa conversation je n'ai trouvé que ceci d'intéressant ; je lui disais : « Le prince Frédéric-Charles est votre meilleur général ; nous l'avons vu à la vigueur du choc porté à Patay et au Mans. — Non, me dit-il, tous nos généraux se valent ; il n'y a qu'un homme, de Moltke, qui dirige tout : les généraux marchent, et de Moltke les mène. » Il me dit encore : « Dans mon régiment, — il est du fond de la Poméranie, — nous avons beaucoup de Polonais ; aux combats de Metz, les Français nous criaient : « Bons Polonais, venez à nous. » Les bons Polonais n'auraient pas demandé mieux ; mais devant l'organisation prussienne il n'y avait pas à broncher. »

Je lui demandai : « Vos pertes sont-elles grandes ? — En officiers, surtout ; nos bataillons ont été décimés devant Metz ; les officiers ont été renouvelés trois fois dans notre régiment. Nos soldats ont beaucoup souffert des maladies; mais, depuis janvier, la mortalité a diminué. » Ils sont très-fiers de leurs succès, et les autres nations ne comptent plus pour eux : ils avouent que la tête leur tourne de nous avoir vaincus.

Me voilà donc un peu plus tranquille pour ma commune, et pouvant dormir sur les deux oreilles au moins pendant quelques jours. D'ailleurs notre bourg est trop petit pour un escadron, et nos uhlans n'aiment pas à s'égailler.

Ils sont entassés dans Azay; la plupart des officiers, confortablement installés dans le château d'Azay, le trouvent trop à leur goût, et s'accommodent si bien de l'hospitalité forcée du marquis de Biencourt, que je m'imagine qu'ils ne sont pas près d'en démarrer. C'est donc grâce au malheur d'autrui que nous respirons en paix.

Mardi, rien de nouveau. J'envoie le quart de mes réquisitions, qui m'ont été fournies avec empressement par les habitants, heureux de n'avoir pas à héberger la soldatesque.

Du reste, j'ai remarqué hier que mes administrés se sont fait un malin plaisir de gri-

ser fort bien les uhlans avec notre petit vin
blanc; et je pensais à la chanson de Musset,
et à nos pères, qui se faisaient verser par les
Allemandes le petit vin blanc du Rhin. Que
les temps sont changés! En attendant, nos
uhlans caracolaient drôlement de droite et de
gauche en quittant le bourg hospitalier de
Saché. Ils ont réquisitionné les armes; on
leur a livré trois fusils sans chien.

Mercredi 8. — Élections. Affluence extra-
ordinaire et heureuses dispositions de nos
paysans : tous veulent la paix, et un chef
qui fasse revenir les beaux jours du beurre à
trente sous la livre.

J'entends un paysan plein de bon sens me
faire une comparaison qui me frappe : « Monsieur, me dit-il, quand j'ai planté des ar-
bres, j'ai remarqué qu'à certains endroits
l'arbre languissait, végétait, et finissait par
périr. Je m'obstinais à repeupler ces vides, et
je me rappelle avoir recommencé bien des
fois; presque jamais je n'ai réussi.

« Eh bien, Monsieur, je me dis : Voilà trois
fois que nous replantons la république;

elle n'a pas voulu pousser dans notre sol. Voilà, depuis 1789, plus de dix fois que nous refaisons Paris notre capitale, et toujours cette ville, endiablée en ses rébellions, fait les cent dix-neuf coups, et jette à bas les gouvernements les plus chers au pays. M'est avis, Monsieur, qu'il ne faut plus nous obstiner davantage dans cette tâche ingrate. Plus de république! plus du gouvernement de Paris! »

Pendant le vote on apprend la démission de Gambetta, qui remplit de joie également les Prussiens et nous : Gambetta, c'était la guerre à outrance; ce Carnot de basoche, au lieu d'organiser la victoire, ne nous avait préparé que des échecs et des reculades. En république, tout général vaincu est un coupable. En 93, on les guillotinait; grâce au progrès humanitaire, et surtout à l'indifférence actuelle, on se contente de les destituer; Gambetta, après ses échecs répétés, devait se destituer lui-même. Il l'a fait, et a bien fait. Peut-être n'est-il pas tombé sans habileté, et dans sa dernière proclamation il y a des éclairs d'éloquence, quand il s'écrie : « Qui donc signera ce traité de honte et d'infamie? Non, ce n'est pas vous, braves légitimistes qui avez si valeureusement combattu, etc. »

Cela me rappelle qu'après les combats de Beaugency, Gambetta se trouva, dans les hasards de la fuite, amené près du château d'Herbaut, où il fut invité à dîner; et ce fut là qu'il fit sa fameuse déclaration : « En vérité, je suis très-content de la noblesse. »

Un jour qu'il était à Mer, pendant les combats de Beaugency, le jeune ministre de la guerre, plus prudent que Saint-Just, dont le plumet ne bougeait pas au milieu de la mitraille, attendait à la mairie les résultats de la bataille; il vit revenir, à la fin de la journée, deux bataillons de mobiles, en très-bon ordre, à l'allure martiale; il demande les commandants.

« Pourquoi êtes-vous venus? — Il y a quatre jours, monsieur le ministre, que nos hommes n'ont ni mangé ni dormi, et nous venons les ravitailler un peu. — Bast! dit Gambetta, c'est la gloire qui doit leur remplir le ventre. Allons, je vous donne une demi-heure, et puis repartez. »

Nos paysans sont venus voter avec acharne-
ment. Sur 250 inscrits, il en est venu 240. Notre
liste, celle de la paix, celle du bon sens, celle de
la justice, a une immense majorité. Le dépouil-
lement n'a fini qu'à minuit et demi. Villaines
et Thilouze étaient venus voter chez nous.

9 Février. — Je suis allé à Tours, mais j'aime
encore mieux l'isolement de la campagne que
les mille bruits contradictoires et que tous les
bavardages de la ville. D'ailleurs ce n'est pas
gai de voir cet immense fourmillement de
Prussiens, plus nombreux que les pavés.

Notre vie est semée d'incertitudes, et nous
passons le temps à attendre la visite de ces
messieurs. Nous entendons à chaque moment
le bruit de leurs chevaux. Qui est-ce qui les
empêche de grimper jusqu'à nous?

Je me disais, à propos de cela : Nos pères
n'avaient pas si grand tort quand ils répétaient
qu'il fallait se défier du voisinage des grands
seigneurs, des grands fleuves, et surtout des
grandes routes. Il y a vingt ans, j'ai remué
ciel et terre pour faire passer la route de mon
côté de l'Indre; j'ai échoué, et aujourd'hui

je me frotte les mains, en voyant que nous n'avons pas eu de traînards, maraudeurs, francs-tireurs, etc.; et comme les Prussiens ne se hasardent guère en dehors des grandes routes, nous avons leurs visites en moins.

Depuis six mois, les événements se sont tellement précipités, que nous n'avons pas eu le temps de les envisager froidement; et aujourd'hui, que nous sommes sur la pente de la paix, nous ferons bien de remonter à l'origine de nos malheurs.

Rivarol disait pendant l'émigration : « Ces bons Allemands, ils se réunissent à quatre pour comprendre ce que nous disons, et ils y arrivent quelquefois le surlendemain. » Non-seulement l'Allemagne, mais toute l'Europe n'a jamais pu sonder les profondeurs de la *blague* française.

Nous sommes de bonnes gens, généreux, toujours prêts à nous dévouer pour les autres; mais, grâce à cette blague infernale et toute parisienne, nous passons pour des démolisseurs, et, l'empire aidant, on aurait cru que nous voulions avaler le monde entier. Dieu sait si nous y pensions seulement. Il n'était pas difficile, pour un Français à demi raisonnable, de voir que nous n'étions pas en train de monter au Capitole; il est convenu maintenant, et on va le déclarer du haut de la tribune, que c'est l'empereur seul qui a fait cette dernière guerre; que la nation ne la voulait pas.

C'est un mensonge, mensonge partagé en ce moment par la population tout entière. On oublie si vite en France. On oublie ces transports au défilé des régiments, ces ovations données à la *Marseillaise,* en plein Opéra; on oublie ces mots si applaudis de M. de Girardin : « Nous aurons passé le Rhin avant qu'ils n'aient appris la chanson. »

Si l'empereur, comme au moment de la guerre d'Italie, avait fait sa sortie par les boulevards, il aurait rencontré les mêmes acclamations, les mêmes encouragements. Oui, cette guerre était populaire, et devait l'être; il était sensible à tous que Bismarck s'y préparait de longue main, et qu'il saisirait le moment le plus favorable pour nous attaquer. Rappelez-vous de quel air on a repoussé l'intervention de la reine d'Angleterre.

Après le triomphe du plébiscite, l'empereur devait croire l'heure opportune; seulement, il avait oublié que nous n'étions pas prêts, que les mobiles n'étaient ni réunis, ni habillés, ni préparés. Mais, de bonne foi, l'empereur a fait pour la Prusse ce qu'il a fait pour la Crimée et l'Italie. Il n'était pas mieux préparé en 1854 et en 1859. Nous sommes pour l'improvisation, en France.

La guerre de Crimée, à mille lieues du sol, était une aussi grande folie que la guerre de Prusse. Seulement le succès donne l'absolution. Cette fois, Napoléon se trouvait avoir affaire à trop rude partie; et puis il n'était pas de la force de M. de Moltke.

Voilà ce que je crois la vérité vraie. Ce qui rend maintenant sa dynastie impossible, c'est la capitulation, l'inexplicable capitulation de Sedan. Cent mille Français, à la voix de leur empereur, rendant leurs armes à des Prussiens!

Voici ce que j'ai lu dans le *Journal de la Campagne de Russie,* par le général de Fezensac : « Le troisième corps se trouvait à Krasnoï, séparé de toute l'armée, et coupé par 80,000 Russes. Il était réduit à 6,000 hommes, l'artillerie à six pièces de canon, et la cavalerie à un seul peloton d'escorte. Un parlementaire, envoyé par le général Miloda-rowitscht, vint sommer le maréchal Ney de mettre bas les armes. Ceux qui l'ont connu comprendront avec quel dédain cette proposition fut accueillie par lui, et, sans considé-rer la masse des ennemis et le petit nombre des siens, il ordonna l'attaque en disant qu'il fallait savoir mourir là pour sauver l'honneur de la France. Les Russes les virent avec ad-miration s'avancer vers eux dans le meilleur ordre et d'un pas tranquille. Chaque coup de canon enlevait des files entières...

« ... Enfin, après trois jours de cette lutte héroïque, où le maréchal ne désespéra pas un instant de la fortune, il rejoignit l'armée à Orcha, et ramena neuf cents hommes des six mille qui avaient combattu à Krasnoï. »

On s'engoue facilement en France; nous voilà déjà dans l'enthousiasme de l'organisa-tion allemande, de la discipline, de l'instruc-tion des officiers. Déjà la même chose était arrivée après Rosbach, où 60,000 Français

avaient fui presque sans résistance devant
40,000 Prussiens et le grand Frédéric. Alors
il devint de mode à l'armée et à la cour de
s'en aller étudier les manœuvres du roi de
Prusse, et d'aller embrasser sa botte à Post-
dam. On essaya d'introduire dans nos régiments la schlague prussienne, et le résultat
fut qu'aux premiers jours de la révolution les
soldats forcèrent presque tous les officiers à
quitter leur drapeau; car il y a eu, dans ces
premiers moments de 89, ce que l'on n'a pas
assez constaté, l'émigration forcée. Où va
nous mener actuellement le nouvel engoue-
ment qui nous prend pour l'organisation
prussienne? Vous ne ferez jamais un Allemand avec un Français; vous n'obtiendrez
jamais de lui une discipline aussi absolue,
aussi muette, pas plus que vous n'obtiendrez
du massif soldat prussien la verve, l'entrain,
l'improvisation et les charges à la baïonnette
du soldat français.

Un fumeur converti a voulu m'expliquer
Sedan par les funestes influences du tabac.
« Après 1830, la jeunesse française s'est mise
à fumer; on a crié : Bravo! D'abord cela don-

nait quelques jolis millions à notre budget;
et puis, les profonds penseurs disaient : Cela
va calmer nos cervelles si agitées, si impres-
sionnables, et le tabac nous forcera de mûrir
nos réflexions. Eh bien! nous avons gagné à
la fréquentation du tabac de voir notre géné-
ration s'abrutir, s'hébéter, et tomber dans le
ramollissement. »

« Le cigare, dit l'abbé Bautain, nous a fait
descendre au niveau de l'Allemand! »

Mais, chose étonnante, les Allemands et
tous les peuples du Nord fument toujours,
et leurs facultés n'en paraissent pas altérées.
L'Espagnol fume toujours, et cela ne semble
pas agir sur son cerveau. Évidemment, pour
les Français, et c'est peut-être une question
de latitude, le tabac est un vrai poison. Il y a
vingt ans que le docteur Bretonneau prédisait
à l'empereur ce qui lui est arrivé, l'intermit-
tence des facultés.

Près du lac du Bourget, à Haute-Combe, il
y a une fontaine qui donne de l'eau pendant
un quart d'heure, et cesse ensuite de cou-
ler. Ainsi de l'empereur à Sedan. Ses facultés se sont arrêtées; c'était son mauvais quart

d'heure, le quart d'heure de Rabelais. Il était dans un de ces moments où son âme ne parlait plus, où son courage sommeillait; il était tombé dans le fatalisme musulman : C'était écrit.

Pendant que le roi Guillaume, ce parvenu de la victoire, avait la petitesse de faire attendre son hôte de la veille, son vaincu d'aujourd'hui, Napoléon, insensible à ces outrages, fumait son éternelle cigarette.

En présence de ces formidables catastrophes, la France s'est trouvée seule; elle a eu beau regarder autour d'elle : sa vieille rivale l'Angleterre, cette récente alliée, ne voyait pas notre ruine sans un plaisir secret; elle nous a, du reste, prodigué depuis sa pitié, son or et ses ambulances. Mais les nations qui nous doivent leur existence? l'Amérique? De la reconnaissance après quatre-vingt-dix ans? Allons donc! d'ailleurs elle invoque le testament de Washington, qui lui recommande de ne jamais s'immiscer dans les affaires du continent. Mais la Belgique? Elle nous déteste, tant elle a peur de nous, qui devons fatalement l'absorber un jour. Mais l'Italie, où notre sang versé pour sa délivrance fume encore aux champs de Magenta, de Solferino? L'Italie nous a envoyé Garibaldi, une des plus grandes humiliations que nous ayons subies pendant ces misérables jours. L'Italie nous déteste ; nous la forcions de respecter les traités, nous l'empêchions d'achever de dépouiller le pape.

Après tout, faisons un retour sur nous-mêmes ; comme ce député de notre connaissance, bon, serviable, mais arrogant, qui se faisait des ennemis de tous ceux qu'il obligeait, la France, avec son insupportable vanité, avec son orgueil incommensurable, s'est fait détester cordialement de ceux mêmes qu'elle a affranchis. Il n'y a qu'un peuple qui nous reste opiniâtrément fidèle, et nous n'avons jamais rien fait pour lui que des chansons : ce sont les Polonais. Les deux empereurs auraient pu ressusciter cette nation héroïque et amie. Ils n'ont pas su saisir les occasions, et cela surtout par la faute de la diplomatie. Notre disette d'hommes d'État a été bien grande depuis 89, et cela va toujours en décroissant. Je ne sais si je me trompe, mais je crois que Jules Favre est à Talleyrand comme l'empereur Napoléon III est à son oncle.

10 FÉVRIER. — J'entends le premier chant de la grive, et je me rappelle ces vers de Burns, qui s'approprient si bien à notre triste situation :

Je n'avais pas encore entendu cette année
Ton chant que j'aime tant, doux chantre des hivers.
Nos sinistres malheurs t'avaient-ils condamnée
A ce morne silence ; et devant nos revers
Était-ce la pitié qui te faisait muette ?...

Quand février, encor glacé sous la tempête,
Voit poindre le soleil, tu nous chantes tes airs
Si doux et si plaintifs ; c'est toi qui la première
Reviens nous annoncer des jours moins rigoureux.
J'écoute avec transport tes chants harmonieux.

Dis-nous que le ciel met un terme à sa colère,
Qu'il voit d'un œil plus doux les malheurs des Français ;
... Et nous te bénirons, messagère de paix,
Cher oiseau du bon Dieu, que vers nous il envoie
Pour nous donner un peu d'espérance et de joie.

LUNDI 20 FÉVRIER. — Ma belle-sœur, étant au château de Thorigny, voit entrer trois of-

ficiers prussiens qui se dirigent vers la terrasse, d'où ils admirent la vue, vraiment
merveilleuse en cet endroit. Elle s'avance vers
eux, et le plus jeune, — quarante-cinq ans à
peu près, — s'appuyant sur sa canne comme
s'il souffrait d'une blessure, se détache un peu
en avant des deux autres. « Monsieur, dit-
elle, j'ai un mari prisonnier à Wurtzbourg ;
il ne reçoit aucune de mes lettres, et je vous
prierais, si ce n'est pas indiscret, de vouloir
bien lui faire parvenir une lettre de moi. »

Cette demande accueillie avec une exquise
mais froide politesse, la conversation s'engagea.

« Monsieur, je meurs d'envie d'aller re-
trouver mon mari !

— Ce serait une vraie folie, Madame ; il
fait en ce moment vingt degrés de froid à
Wurtzbourg, etc. »

Ma belle - sœur s'apercevait parfaitement
que les deux officiers restés en arrière riaient
sous cape, et elle se disait : Allons, décidément ils me prennent pour une folle !

Cependant M. de S*** était venu retrou-
ver sa fille : « Quel beau, quel riche pays !
disait l'officier. — Riche, non, reprend M. de

S*** : en Touraine, malgré les apparences, le sol est maigre, l'agriculture est arriérée. Vous nous dites riches, Messieurs, pour pouvoir pressurer davantage notre pauvre pays. Ah ! vous nous avez bien battus, vous avez remporté d'incontestables victoires ; mais vous usez durement du triomphe : regardez les Français en Crimée, en Italie ; ont-ils arraché au czar ou à l'empereur d'Autriche seulement quelques millions ? la gloire leur a suffi. » Ici la figure de l'officier s'accentua, et il reprit avec énergie : « Messieurs les Français, quelque durs que nous soyons pour vous, nous ne vous ferons jamais le quart du mal que vos pères ont fait en Prusse sous le premier empire. Nous payons encore des impôts créés pour acquitter les dettes de l'invasion. »

Or, pendant que l'on causait sur la terrasse, on était allé s'enquérir auprès du cocher du nom et de la qualité des visiteurs. Leur voiture, espèce de troïska russe, avait pour armoiries un aigle aux ailes éployées ; on apprit que cet étranger était le fameux prince Frédéric-Charles.

De Thorigny il se dirigea sur Candé, et, à son retour, M. de S*** avec le maire de Veigné essaya de l'intéresser au sort de la commune, à propos de la fameuse contribution de guerre dont le préfet Kœnigsmarck avait frappé la Touraine. Le prince fut très-convenable, sans sortir de sa froideur et de sa réserve : quant à la contribution de guerre, il ne s'occupait jamais de ces détails administratifs.

24 Février. — Hier je suis allé à Azay, et j'ai causé longuement avec le commandant de place, baron Von A..., le plus distingué de tous les Prussiens que j'aie vus, et qui s'était montré dans le canton d'Azay, et dans toutes nos histoires de réquisitions, assez coulant.

J'aimais à le faire causer : je le trouvai consterné. « Monsieur, me dit-il, nous n'aurons pas la paix. — Pourquoi cela ? — Eh ! mon Dieu, vous nommez des députés monarchistes, par conséquent avec la mission incontestable d'élire un roi ; au lieu de cela, vos mandataires proclament la république. Je vous assure que si M. de Bismarck avait à traiter avec un roi, il vous ferait des conditions plus acceptables ; mais avec la république, les exigences deviendront tellement fortes, que vous serez forcés de recommencer la guerre. »

Il ajoutait : « Que nous avons de peine à nous faire une idée juste de la France ! Avant cette guerre, nous ne connaissions que Paris, et cet esprit parisien, détestable, railleur, fanfaron, toujours en révolte et en ébullition ; c'est lui qui vous fait, en Europe, une réputation si déplorable. Mais, depuis que nous occupons la France et que nous fréquentons les Français de la province, que nous pénétrons dans l'intérieur des familles, nous trouvons des gens sensés, calmes, raisonnables ; c'est là que nous entrevoyons les éléments de la grande nation qui tendent à disparaître depuis 89. Vos églises sont remplies de monde ; le tombeau de saint Martin, ce grand saint allemand que nous revendiquons, est tapissé d'ex-voto. Nous voyons aux femmes des tenues dignes, sévères, et n'ayant rien de ces airs évaporés qui nous faisaient confondre aux Champs-Élysées une duchesse

et une fille du demi-monde. Comment se fait-
il donc, concluait l'officier prussien, qu'une
majorité de trente-trois millions d'hommes
sensés et raisonnables se laisse, depuis quarante ans, faire la loi par une minorité de
deux millions de fous? Comment se fait-il
que Paris, suivant son caprice fantasque et
changeant, vous impose la république, tandis
que vous êtes si peu républicains? Pourquoi
vous obstinez-vous, avec une insouciance
aveugle, à continuer d'envoyer vos députés
siéger dans Paris, bien assurés que tous les
quinze ans la chambre sera violée, et vos
députés renvoyés à coups de fourches dans
leurs départements? Secouez enfin le joug :
voilà quatre-vingts ans que cette ville maudite chasse et décapite les rois, change les
dynasties et viole les constitutions, sans consulter le reste de la nation. Otez-lui le gouvernement; faites-en la capitale des plaisirs,
la capitale de Satan; mais qu'elle n'absorbe
plus ce magnifique royaume de France. »

Le major reprenait ensuite : « Pourquoi choi-
sissez-vous la ville du luxe, de l'immoralité,
des théâtres, pour y placer toutes vos écoles, de

manière que des jeunes gens tout frais émancipés, et dans le premier feu de la jeunesse, se trouvent en tête-à-tête avec toutes les séductions et tous les entraînements? Voyez si en Angleterre, si en Allemagne, si en Amérique les universités sont placées dans les grands centres de population. Pourquoi, après une expérience de quatre-vingts années, vous obstinez-vous à conserver cette institution de la garde nationale, dont la fatale influence ne s'est jamais exercée qu'à renverser les gouvernement, qu'elle était appelée à protéger?» Il m'en dit bien plus long encore, et, quoique venant d'un ennemi, ce conseil de nous affranchir de Paris me paraît excellent à suivre.

Ainsi donc les étrangers s'en iront de France emportant le secret de notre faiblesse, mais voyant bien mieux que nous les immenses ressources qui nous restent, et les moyens infaillibles que nous aurions de reconstituer une France puissante et heureuse. En quittant le baron, je lui ai dit : « Permettez-moi de vous remercier au nom de tous les maires du canton d'avoir agi avec nous en ennemi,—

je ne dirai pas généreux, — ce mot-là ne peut pas convenir aux Prussiens, mais en ennemi bienveillant, et toujours disposé à nous épargner les plus dures conséquences. » Le commandant, dont la figure s'était un peu colorée, m'a remercié vivement, et a ajouté : « J'aurais voulu faire davantage. »

Après cette conversation je quittai Azay, et je m'en allais tout triste, établissant dans ma tête le bilan de la France et celui de Paris.

Assez d'illusions! Depuis quatre-vingts ans, qu'avons-nous fait? Où en sommes-nous arrivés? Où sont nos libertés? Quelle est notre situation politique en Europe, relativement à l'ancienne France? Quel avenir, quel espoir laissons-nous à nos enfants? Après avoir pendant cinquante ans essayé de toutes les formes de gouvernement, nous nous trouvons en présence de l'*Internationale,* une des plus formidables transformations du babouvisme. Nous nous sommes obstinément encensés, nous avons chanté sur tous les tons notre supériorité, et, après un règne militaire, en six mois nous sommes anéantis et écrasés par l'Allemagne; nos soldats ne veulent plus se battre. Assez d'illusions ! tâchons de nous dire nos vérités et de mettre bas le chauvinisme national.

En présence de ces catastrophes, de ces ruines, que nous reste-t-il ? Qu'avons-nous en fait d'hommes, en fait de principes ? une noblesse et pas d'aristocratie ; une noblesse paresseusement retirée des affaires publiques, une noblesse dont les fils, singeant les mœurs anglaises, s'usent à de maigres sports et mangent leurs petites fortunes avec les filles de leurs portiers ; une bourgeoisie envieuse, sans mérite et sans talents, qui n'a d'estime que pour les billets de banque et d'étude que pour les choses de la Bourse ; qui achète des terres pour en tirer de l'argent et non pour y vivre de cette belle vie patriarcale, où les grandes familles du vieux temps semaient autour d'elles les bonnes traditions et le bonheur ; un peuple d'ouvriers débauchés et sans moralité, profanant le dimanche, travaillant trois jours pour boire le reste de la semaine, rêvant le pillage et l'anéantissement de la société ; une armée sans conviction et sans discipline, des soldats de cabaret, des officiers de café.

Seul, le paysan est resté travailleur, sobre,
actif : il vise à la possession de la terre, il se
prive pour en acheter de gros lopins ; mais ce
sont là ses seules vertus ; il ne va plus à l'é-
glise et se repose au cabaret ; il n'a plus qu'un
ou deux enfants, ne croit plus à la famille, et
répète qu'on ferait bien mieux d'achever les
chemins vicinaux que de payer le curé et d'en-
tretenir l'église.

Voilà le bilan de la France. Ce n'est pas d'aujourd'hui que date notre réputation de légèreté
et d'inconsistance. Au xive siècle, quand le
cardinal Orsini apprit l'élection du premier
pape français, Clément V, il dit à un de ses
collègues : *Hodie fecimus caput mundi de
gente sine capite.* « Nous avons choisi la tête
du monde parmi un peuple qui n'a pas de
tête. » Mais depuis le commencement de ce
xixe siècle, nous avons dépassé les limites de
l'absurde, et je ne crois pas qu'en Europe il
y ait un pays où la désorganisation sociale ait
atteint de pareilles proportions.

Un journaliste disait à l'ex-empereur :
« Sire, faites grand. » Il se trompait de siècle :
Louis XIV et Napoléon pouvaient faire grand.

Ce n'est plus le mot de notre époque ; ce monsieur aurait dû dire à l'empereur : « Sire, faites honnête. »

L'honnêteté, c'est ce qui nous a manqué le plus en ces derniers temps. Louis Napoléon, pendant ses conspirations, entouré d'intrigants, d'ambitieux, de déclassés, d'officiers criblés de dettes, a tout le temps de son règne senti peser sur lui ces tristes compagnons qu'il fallait savoir mettre de côté ; il n'a pas su, comme le Gascon Henri IV, être spirituellement ingrat. La France n'est pas une métairie que l'on puisse impunément abandonner à ses favoris pour les enrichir. Un prince qui arrive sur le trône ne doit plus avoir ni amis ni ennemis.

C'est avant tout le manque de sens moral et d'honnêteté, dans nos populations, qu'il faut signaler parmi les causes premières de notre ruine et de notre décadence ; et où ont-elles puisé ces pernicieux principes, si ce n'est à Paris, qui leur a infiltré peu à peu le venin par ses journaux et par son funeste exemple? Chaque année le mal s'étend, chaque jour la contagion fait un pas, et la ville maudite absorbera bientôt toute la France, et il n'y aura plus de Français, il ne restera que des Parisiens.

Les autres plaies sociales, non moins funestes, ce sont la curée des places, et cette malheureuse tendance des Français, de s'adresser toujours à l'administration quand quelque chose vient à clocher. Le pain est trop bon marché : Vite une enquête, réclament les propriétaires et les fermiers. Le pain est trop cher : Une enquête, disent les rentiers. Eh! mes braves gens, vous ne voyez pas que c'est le bon Dieu qui fait les saisons, qui vous envoie les inondations ou la sécheresse, les vaches grasses ou les vaches maigres; vous avez beau vous agiter comme des écureuils dans votre étroite cage, Dieu vous mène, Dieu vous frappe, Dieu vous châtie.

Ah! bien plutôt, tournez les yeux, tendez les mains vers le gouvernement et demandez-lui d'être honnête; nous l'avons oublié le mot depuis longues années; vous avez cru le remplacer par le savoir, par le progrès, par la science : de même que vos savants ont entrepris de détruire l'âme par la chimie :

de même dans les choses militaires vous
avez cru suppléer à la vaillance et aux cœurs
généreux par les fusils Chassepot et les canons
rayés. Qu'est-il arrivé? après un seul combat,
nos soldats se sont persuadé que les canons
prussiens portaient à deux cents mètres plus
loin que les nôtres, ce qui n'est pas même
bien prouvé; et alors, lâcheté sur lâcheté,
ignominie sur ignominie, on a vu cent vingt
mille Français capituler honteusement; on a
vu, pendant six mois, nos jeunes soldats
enrégimentés jeter leurs fusils aux premiers
obus; on a vu à Patay, comme au Mans, nos
généraux faire un appel inutile aux braves
qui voudraient enlever une position à la
baïonnette, et, dans toute une armée, on n'a
pu trouver que les six cents zouaves de Cha-
rette.

On prête à Turenne un mot qui m'a toujours semblé apocryphe : il était trop honnête
et trop religieux : « Dieu est pour les gros
escadrons. » Non, Dieu est pour les armées
vaillantes et disciplinées : et voilà pourquoi,
pendant huit mois, nous avons passé sous les
Fourches Caudines d'un peuple jusqu'ici bien

inférieur à nous; nous avions cessé d'être religieux, d'être honnêtes, et nos cœurs ont cessé d'être braves devant le danger.

Quant à Paris, il est bien temps de montrer toute la vérité à l'Europe, qui nous a trop longtemps jugés sur ce type de courtisane; il est temps d'examiner ce qu'il y a de vrai dans l'encens que se donne chaque matin Paris par la voix de ses journaux.

Paris a grandi et a profité monstrueusement; il a tout accaparé, tout englouti; il n'a rien réservé pour les villes de province. Londres permet à Manchester, à Liverpool, et à tant d'autres, de se développer : Londres a laissé à Oxford et à Cambridge ses universités, et n'a pas emprisonné dans ses murs, au milieu des plaisirs pestilentiels, la jeunesse, l'avenir d'une nation.

Paris a voulu tout avoir, et toute la France, sans résister, sans réclamer et tout affolée depuis qu'elle a été touchée par la main de la révolution, comme si elle avait perdu toutes ses vertus, s'est laissé dépouiller et s'est mise à la remorque de la ville accapareuse. Il faudrait reprendre en détail, depuis cinquante ans, l'histoire de ses changements, de ses caprices et de ses fantaisies furieuses : après avoir embrassé les chevaux des Cosaques et dansé des farandoles devant le czar de Russie, après avoir acclamé les Bourbons ; quinze ans plus tard, quand la dynastie, échappée à tant de secousses, commençait à prendre racine dans le pays, quand l'Alsace et la Lorraine venaient de recevoir comme un père le vieux roi Charles X, Paris, dans un jour de gaminerie, chassait les Bourbons, détruisait dans un vote stupide le grand principe de la légitimité, la base de toute prospérité, et, au lieu de respecter les droits d'un innocent enfant de dix ans, créait une quasi-légitimité, c'est-à-dire un antagonisme de droits.

Gardez donc au moins ce roi de votre choix, entourez-le de vos baïonnettes civiques, faites-lui un rempart contre les émeutes incessantes des écoles et des faubourgs. Non, c'est fatal : les barricades doivent détruire l'œuvre des barricades, et, un beau matin, sans motif réel, sans savoir pourquoi, Paris en se réveillant apprendra que sur cette même place de la Révolution, où l'abbé Edgeworth criait à Louis XVI : « Fils de saint Louis, montez au ciel, » Louis-Philippe, après avoir entendu une voix inconnue lui crier : « Fils d'Égalité, montez en fiacre, » a pris la route de l'Angleterre, et qu'une centaine de républicains, un poëte en tête, ont inauguré la république. Le reste de la France est consterné. Mais, Paris ayant accepté le fatal cadeau, que peuvent faire ces malheureux départements morcelés, scindés en petites bouchées? La république se traîne pendant quelques mois, la guerre civile ensanglante les rues de Paris, et ce ne sont pas ses gardes nationaux qui l'auront sauvée.

Mais le vote universel a parlé et a nommé le neveu de l'empereur : c'est la riposte des départements, et vingt ans de prospérité matérielle, de progrès en tous genres, de guerres heureuses, l'Italie délivrée, la Russie humimiliée, la France remise à son rang, semblent donner raison au vote des huit millions d'électeurs. La nation nage dans l'abondance, la France est devenue le centre et Paris la capitale de l'Europe : venir à Paris et y jeter son argent, c'est le vœu de tous les peuples. Devant cette situation florissante, l'inconstant et mobile Parisien devait se demander si l'ère des révolutions n'était pas irrévocablement fermée.

Rassurez-vous, bons Parisiens ; renverser un empire prospère, violer les représentants envoyés par la France, ce n'est qu'un jeu pour vous, et, les fléaux de la guerre aidant, vous nous jetez d'un tour de main dans les hasards d'une troisième république.

Or la France, qui commence à comprendre, vient de donner à ses députés un mandat sérieux : éloigner le gouvernement de Paris. Paris sera mécontent, et vous allez voir que Paris, qui n'a pas voulu se servir de ses canons contre les Prussiens, les laissera prendre aux communistes, et quand Paris sera aux mains d'une formidable révolution organisée en secret depuis longtemps et de la manière la plus terrible, Paris dira que c'est la faute du gouvernement, et il faudra que la province vienne encore une fois verser son sang pour cette ville qui la révolutionne et la ruine

périodiquement (1). N'importe, la solution
du problème tant cherchée depuis 89 est là :
c'est à tort qu'on a dit que la France était in-
gouvernable, Paris seul est l'auteur de tant
de révolutions ; Paris ne peut rien supporter,
pas plus la république que les pacifiques gouvernements parlementaires ; il passe du drapeau blanc au drapeau rouge ; il est heureux
de cracher et de baver sur les idoles qu'il éle-
vait hier sur le pavois. Paris n'est qu'un ga-
vroche pernicieux et malfaisant. Seulement,
grâce à ses journaux qui vivent de son venin,
il a su persuader à tous, et à la France elle-

(1) Depuis longtemps les Parisiens sont coutumiers de ces défaillances. Dumouriez raconte, dans ses mémoires, que, pendant
le procès du roi, il courait les boutiques dans les différents
quartiers, ne pouvant croire qu'il ne se trouvât pas 5 à 6 000 honnêtes gens assez braves pour mettre à la raison 2 ou 3 000 co-
quins qui tyrannisaient la capitale. Un marchand raisonnable lui fit
un jour cette réponse, en rougissant de honte : « Citoyen je vois ce
que vous voudriez nous inspirer. Nous sommes des lâches, le
roi sera victime. Que pouvez-vous attendre d'une ville qui,
ayant 80 000 hommes de gardes nationales superbes et bien
exercées, s'est laissé désarmer, dans les premiers jours de sep-
tembre, par moins de 6 000 fédérés marseillais ? »

Dumouriez ajoute que, le soir même de l'exécution du roi,
tous les spectacles étaient pleins.

même, qu'il n'y avait d'esprit et d'intelli-
gence que dans ses murs :

Nul n'aura de l'esprit hors nous et nos amis.

et le reste des Français ne seront que des
Béotiens.

Écoutez-les, ces Parisiens; ils vous diront
effrontément : Bons provinciaux, suez, tra-
vaillez toute votre vie ; pauvres hères, pauvres
bêtes de somme ; nous, en deux ans, fi donc !
en quelques mois, accroupis devant la cor-
beille, nous créons l'or, nous le multiplions
mieux qu'en Californie, et nous sommes les
dieux que tous les peuples de la terre viennent adorer.

En ce moment douloureux, où l'ennemi
arrache du corps saignant de la France deux
membres aussi précieux que l'Alsace et la
Lorraine, ces illustres legs de nos derniers rois,
en ce moment des suprèmes angoisses, les journaux n'ont de préoccupations que pour Paris.

Les Prussiens occuperont-ils Paris? ou y
feront-ils seulement une entrée? Trente-cinq
départements sont dévorés par l'invasion.
Qu'importe? il ne s'agit que de savoir si on

imposera à l'amour-propre de Paris l'inoffensive promenade des Prussiens. Nos diplomates cèderont un nouveau milliard, — nous ne les comptons plus, — pour que Paris ne soit pas occupé, pour que la valeureuse garde nationale ne soit pas désarmée. Et c'est la France qui paiera.

Ah! moutons de Panurge, bêlez donc vos rapsodies sur l'héroïsme parisien; mais nous, Français, mes chers compatriotes, tout Béotiens qu'ils nous appellent, arrachons à Paris le siége du gouvernement, arrachons-lui ses écoles où se pervertissent nos enfants, et alors les révolutions seront moins faciles à éclore, la France aura bien vite repris son rang à la tête des nations, et Paris se résignera à rester la ville la plus splendide, la plus amusante et la mieux éclairée de l'univers.

Je me réveillai de ce beau rêve en arrivant à la Chevrière, et j'appris là que les préliminaires de la paix étaient enfin signés ; mais que l'armistice était prolongé jusqu'au 12 : c'est bien long encore.

1er Mars. — Les uhlans nous quittent, et

l’infanterie, qui leur succède, se répand comme un flot dans toutes les communes environnantes, Saché et Villaines exceptés.

Voici ce que me racontait le maire d’Azay de ses rapports avec le 4e uhlans, qui a quitté Azay pour Saint-Épain.

Le maire d’Azay est un homme très-digne, très-énergique, et qui s’est dévoué à une tâche ingrate dont nul ne lui saura gré : *Passato il pericolo, gabbato il Santo*. Il a souvent maille à partir avec les Prussiens, parce qu’il est un maire de la république. Le colonel s’est montré avec lui particulièrement désagréable. Le maire, en écrivant à sa femme, s’était épanché à cœur ouvert : la lettre avait dû être dirigée sur Chinon, et devait échapper à l’inquisition prussienne. Que lui est-il arrivé dans ses pérégrinations? nul ne le sait. Toujours est-il qu’un matin le colonel fait venir le maire : « Reconnaissez-vous cette lettre? — Oui, elle est de moi. — Lisez-moi ce passage : « Le commandant de place est un brave homme; mais le colonel est un ours mal léché. » Monsieur le maire, je comprends mal les finesses de la langue

française ; expliquez-moi ce que veut dire :
« un ours mal léché. » Le pauvre maire voyait
déjà poindre devant lui les rivages peu hospitaliers de la Prusse ; mais c'est avant tout un
homme de cœur et de courage : « Eh bien,
colonel, cela veut dire que vous êtes d'un
abord rude et désagréable. — Bien, Monsieur ; voulez-vous que je jette au feu ? —
Oui. »

Le maire, qui me racontait ce petit inci-
dent, ajoutait : « Et, depuis, le colonel n'a
été pour moi ni moins roide ni plus rude. »

Le même maire se plaignait au même colonel de la manière dure dont nous étions
traités par les Prussiens : « Que voulez-vous,
dit ce colonel, qui connaît si peu les finesses
de la langue, vos journaux nous appellent
des barbares, nous agissons en barbares. »
Il paraît, ce colonel, être franchement de l'é-
cole du prince Frédéric-Charles, le rude sou-
dard, qui ne connaît pas la pitié ; tandis que
le baron von A... partagerait les sentiments
plus humains du prince royal (1).

(1) « Le Prussien est méchant par nature ; la civilisation le
rendra féroce. » (Goethe, *Wilhelm Meister*.)

Comme maire, je reçois une lettre du
préfet prussien de Tours, le comte de
Kœnigsmarck, qui me *défend* absolument
de verser ma contribution à la caisse des
uhlans. Nous n'avions pas oublié cette terrible contribution de sept millions qu'il fallait
payer sans retard ; la situation devenait ten-
due, et pas une commune rurale ne se trouvait assez d'argent de poche pour s'acquitter.
La ville de Tours, que les Prussiens, toujours
pour simplifier, rendaient responsable, allait
risquer le pillage. Sur ces entrefaites, le prince
royal ou impérial, — ce n'est pas moi qui
ferai des difficultés pour impérialiser les Prussiens, — notre Fritz, en un mot, l'heureux
vainqueur de Mac-Mahon, était allé visiter le
château de Villandry : là M. Édouard Hainguerlot lui mit sous les yeux une lettre que
le précédent roi de Prusse avait écrite à la
famille, après la mort du maréchal Oudinot,
son grand'père, lettre qui témoignait de bien-
veillants souvenirs conservés par la famille
royale au glorieux maréchal. « C'est vrai, dit
le prince ; j'ai toujours entendu dire à mon
père que le maréchal avait adouci pour la

Prusse les malheurs de l'invasion française,
et nous ne l'avons jamais oublié. »

M. Hainguerlot saisit la balle au bond :
« Eh bien, prince, Votre Altesse trouve aujourd'hui une belle occasion de prouver aux
petits-enfants du maréchal qu'elle a un bon
souvenir de leur aïeul. Accueillez favorable-
ment la pétition que je vous présente en faveur de notre malheureux pays, écrasé déjà
par de nombreuses réquisitions, et qui ne
sait pas où trouver les sept millions demandés. »

Le prince était pris au piége, et, du reste, il
s'exécuta de bonne grâce. Deux jours après,
le comte de Kœnigsmarck avertissait les
maires que l'impôt de guerre était réduit des
cinq sixièmes, à onze cent mille francs. Le
prince impérial aura laissé en Touraine un
souvenir meilleur; sa figure ouverte, moins
accentuée et presque mélancolique, contraste
singulièrement avec ces hommes à haute
couleur, au regard faux, et qui sont la vivante
expression de cette guerre barbare et perfide
tramée et conspirée depuis longtemps par MM.
de Bismarck et de Moltke, qui guettaient la
France comme le chat guette le fromage.

2 Mars. — A cinq heures du soir tombent au bourg de Saché vingt-cinq uhlans, qui demandent tout de suite quarante sacs d'avoine, ou pillage. On les laisse piller, et ils remportent sept sacs : ils venaient de Saint-Épain, et, sans nous prévenir, les chefs nous avaient rattachés pour les réquisitions à ce *district*, et nous, cependant, nous fournissions toujours des rations à Azay. Voilà bien de leurs tours et de leur perfidie, et notez que la paix était signée et ratifiée par la chambre.

Vivement blessé de ce procédé, je suis allé à Saint-Épain, où j'ai trouvé mon commandant de place toujours très-aimable, enchanté de me revoir. Il ne conçoit pas ce qui nous est arrivé, c'est un malentendu ; il faut faire bonne mine à mauvais jeu, et faire semblant d'être dupes. Ils partent, et il leur faut des provisions de route. Néanmoins je me suis séparé assez amicalement du baron von A***. Il m'a dit : « Adieu, Monsieur. Maintenant que nous sommes en paix, on peut se donner la main. Dans quelques jours nous allons vous débarrasser de nous ; mais soyez persuadé qu'il vous reste en France des ennemis plus redoutables et plus dangereux que les Prussiens. Que Dieu vous protége, Monsieur. »

Hélas ! il n'y a que trop de vrai dans les adieux du commandant ; et ce qui se passe à Paris, les prétentions du parti écarlate ne sont un mystère pour personne.

Adieu donc aux Prussiens ; mais pendant qu'ils font leurs paquets, et qu'ils emportent avec beaucoup de soin, bien emballés et bien ficelés, tous les produits de leur industrie, je leur dirai : « O braves Allemands, si bons et si hospitaliers jadis, vous que l'on a toujours peints un vidrecome à la main, attablés devant un plat de choucroute et chantant vos lieds avec tant de verve, bons Allemands, qu'a-t-on fait de vous ? O bonhomie allemande, qu'es-tu devenue ? En quelques années Bismarck t'a changée, d'aucuns disent régénérée en astuce et en fourberies. »

Ce qui nous étonne encore beaucoup, c'est de trouver tous ces Prussiens frappés au même coin : tous se ressemblent au moral et au physique, comme des *thalers* humains ; ils ont fait abnégation complète de leur volonté et de leur individualité ; ils croient marcher à la conquête du monde! Tristes conquérants, sans grandeur, sans générosité, ils aspirent à jouer le rôle du peuple romain; ils se trompent, il n'y a chez eux que du Carthaginois. On ne dira plus : La foi punique, mais : La foi prussique.

5 .Mars. — Je reçois une lettre de l'intendance, qui m'annonce la mort de Pasquereau, jeune soldat au 11ᵉ chasseurs; il est glorieusement tombé près Sedan, percé de trois balles.

Un signe bien caractéristique de cette guerre, c'est que nous avons eu peu d'hommes tués à l'ennemi. Dans tout le canton, qui avait bien au moins six cents soldats sous les drapeaux, il n'y a pas eu quatre tués; mais combien de prisonniers? Triste, triste notre avenir! Que voulez-vous faire avec une population si molle, si abâtardie, et qui, dans cette guerre où il s'agissait de sauver la France, n'a jamais eu d'autre idée que de se sauver et de sauver sa peau : ce que *nos* gens ont parfaitement exécuté?

Voici un fait que l'on me garantit : Devant les conditions si affreuses que nous fait M. de

Bismarck, devant ce démantellement de la France, un général a fait tâter l'esprit public de la dernière armée qui nous reste. Pas une fibre n'a tressailli ; la réponse unanime a été : « Si la guerre recommence, nous ne nous battrons pas. » La même chose se passait à Paris. « Trochu est un traître, criaient les cramoisis de Belleville, il ne fait pas de sorties ! » On annonçait une sortie : « Trahison ! il veut faire massacrer le peuple ! »

Chanzy, le favori de Gambetta, a joué un certain rôle dans ces derniers mois ; avec quelques régiments de vieille roche, avec une artillerie meilleure, avec les débris de cette infanterie de marine si héroïque et si décimée à Bazeilles, il a, pendant deux mois, résisté en reculant pas à pas devant la forte et solide armée de Frédéric-Charles.

Mais la débandade du Mans a été une triste page dans notre lamentable histoire ; et, je vois avec peine en ce moment le général Chanzy voter pour la guerre à outrance. Continuer la guerre, dans les conditions actuelles, ce serait de la folie et de l'aveuglement. Est-ce que nous n'avons pas suffisamment payé notre dette à l'Alsace et à la Lorraine, en sacrifiant trente départements pillés et ruinés, et plus de cinq milliards?

Quand le peuple français sera redevenu un peuple moral et honnête, quand l'ouvrier n'ira plus au clubs et n'écoutera plus ceux qui lui font tirer les marrons du feu, quand, enfin, la nation française n'aura plus la honte de se prêter aux caprices insensés de Paris, et ne méritera plus l'épithète de « pourrie », que Bismarck lui a jetée à la tête, alors on pourra songer à demander une revanche.

6 MARS. — J'ai oublié de raconter une rouerie de nos uhlans. Un jour que nous avions livré notre seconde réquisition, l'intendant me fait dire qu'il nous tiendrait quittes des deux dernières, si nous voulions lui envoyer un peu plus d'avoine, qui nous serait, du reste, payée en bon or français. J'accepte la proposition; j'envoie, au nom de la commune, pour six cents francs d'avoine, et j'en rapporte le prix. Huit jours après, lettre de l'intendant, qui me dit qu'il a été vivement blâmé pour avoir *payé* des réquisitions, et

que, pour réparer cette erreur, les douze
communes du canton allaient être frappées
d'un impôt d'un franc par chaque habitant.
J'ai rendu mes six cents francs ; mais les autres communes, qui n'avaient pas vendu
d'avoine, il leur a fallu également payer
cet impôt, établi par le bon caprice des
uhlans.

C'est de cette manière que les colonels
prussiens font de bonnes affaires.

Voulez-vous savoir comment, en 1745,
sous Louis XV, un officier français entendait
la délicatesse des sentiments, et comment, à
propos de quelques peccadilles, il consultait
un casuiste pour mettre en repos sa con-
science. Voici ce que je trouve dans le carnet
du marquis de Bovet, lieutenant-colonel des
carabiniers et homme de cour.

« J'ai fait vendre, à Saint-Maixent, une
jument qui tombait du mal caduc quand elle
avait un peu marché ; on m'en donna cent
cinquante livres. C'était un boulanger qui
l'avait achetée, et qui dit quelques jours
après à mon valet qu'elle était morte. J'en ai
quelques scrupules, quoique la bête ait été

vendue dans les rues en la promenant ; je veux consulter un casuiste. »

Et plus loin :

« J'ai consulté M. l'abbé Durvoix, en 1748, à Paris, au sujet de la jument ; il m'a condamné à rembourser cent cinquante livres au boulanger, ou, si je ne le retrouvais pas, à donner ladite somme aux pauvres. »

Il écrit encore en forme de testament militaire, probablement la veille d'une bataille :

« S'il y a de l'argent de reste dans ce qui m'appartient, je prie mon père et ma mère d'envoyer six cents livres ou mille livres à des malheureux qui ont été brûlés à Lipari, à deux lieues de Prague, quand j'y étais logé. Comme mes valets pourraient, contre toute apparence, a voir contribué à cet incendie, j'ai résolu de donner ce dédommagement ; il faut s'adresser à l'archevêque de Prague. Le village est à une demi-lieue de Koningsal : nous étions deux capitaines logés dans la maison. »

Je voudrais bien voir quelques scrupules pareils parmi les colonels de l'armée prussienne. Mais de semblables délicatesses ne peuvent pas même être comprises de nos ennemis ; et en lisant ces pages détachées du livret militaire du brave colonel des carabiniers, ne criera-t-on pas aux mœurs antédiluviennes ?

M. de Bovet appartenait à une vieille famille du Dauphiné, austère et tant soit peu janséniste dans la bonne acception du mot.

7 Mars. — J'ai reçu une lettre de mon frère, commandant du premier bataillon des mobiles d'Indre-et-Loire, et prisonnier à Wurtzbourg. En voici un extrait :

« Tu me demandes des détails sur la bataille de Beaugency, en ce qui me concerne ; ce ne sera pas long. Quand le général Camot nous eut trouvés suffisamment canonnés, il me fit sonner la retraite pour mon bataillon. Comme je n'avais pas d'adjudant, et que je savais ma droite assez engagée, craignant qu'elle n'entendît pas la sonnerie, j'allai moi-même prévenir les officiers. Arrivé à l'extrême droite, je trouvai tous mes gaillards qui s'en donnaient à cœur-joie sur les colonnes prussiennes s'avançant par la grande route; mais plusieurs officiers étant blessés, cela me fit perdre beaucoup de temps, parce qu'il fallait arracher les hommes un à un des barricades. A la dernière maison je trouvai Paulze-d'Ivoy, la cuisse percée d'une balle, étendu sur un fumier. Il m'appela, et je perdis encore quelques minutes avec lui; et quand je ressortis pour aller chercher le docteur, je me trouvai entouré de Prussiens, et comme leurs baïonnettes me touchaient la poitrine, la capitulation ne fut pas longue à conclure. Je me dis pour ma consolation que si je n'avais pas été par là, au lieu de trente prisonniers qu'on a faits avec moi, l'ennemi aurait pris deux compagnies entières; voilà ma justification. Tous ces gars tourangeaux se battaient bien, et avec assez de sang-froid; ils promettaient. Du reste, j'apprends qu'à Laval, le régiment a été cité à l'ordre de l'armée; c'est un grand honneur pour les hommes et pour les officiers qui le commandaient, etc. »

A ce même combat de Beaugency, à la fin de la journée, le troisième bataillon de nos mobiles, qui avait été fortement engagé et avait perdu du monde, fut rejoint par un régiment de marche, commandé par le brave colonel Millaud.

Celui-ci voulut tenter un dernier effort, et proposa de rentrer dans le village de Foisnard.

Ce mouvement fut exécuté avec le plus grand entrain, et les mobiles emportèrent d'assaut la position.

Or ils n'avaient pas de baïonnettes !

Ils ont eu bien des misères à supporter, et ils les ont supportées avec courage, parce qu'ils avaient pour les commander des gens de cœur, qui avaient le sentiment du devoir.

8 Mars. — Dans deux jours nos vainqueurs nous auront quittés ; et nous, qui avons vu arriver le dernier flot de l'invasion, nous allons incessamment être délivrés. Ma pauvre commune a été éprouvée *in œre,* mais non *in cute.* Nous n'avons pas eu le désagrément de loger les Prussiens. Grâce à Dieu, et grâce à la chétive apparence de notre bourg, ils n'ont pas daigné prendre garnison dans Saché.

Comme j'écrivais ceci, on vient m'annoncer que nous avons à loger et à nourrir 257 hommes du 91ᵉ régiment — Oldenbourg. — Nous avons une heure devant nous. On va au bois des Étangs chercher une vache de la ferme du Bourg ; la pauvre bête est immédiatement tuée et dépecée par un boucher improvisé : voilà pour la viande. Le pain ne nous inquiète guère ; avec des pommes de terre on s'en tirera, le vin aidant, et nos paysans ne le leur prodiguent que trop. J'emmène avec moi deux officiers et leurs ordonnances, — un lieutenant et un porte-épée, ce que nous appelons un cadet. Ils sont bien tous les deux, évidemment de bonne et riche bourgeoisie ; ils aiment les fleurs, la campagne, et apprécient notre jolie vallée de l'Indre. Je n'ai pas reçu une seule plainte contre leurs soldats, et cependant quelques-uns de nos hameaux dispersés en avaient bon nombre sans officiers. Il est évident qu'ils ont une admirable discipline, et que, quand ils semblent l'oublier, c'est que les chefs lâchent la bride.

Le lendemain, à sept heures du matin, mes

Prussiens sont partis, en me répétant qu'ils étaient les derniers, et que, par conséquent, c'étaient eux qui avaient poussé le plus loin l'invasion prussienne. Ils ont l'air aussi enchanté de la paix que nous, et il faut bien que ce sentiment domine dans leur armée; car, sans cela, du diable si je comprendrais que Bismarck n'ait pas voulu nous casser les reins du coup. Il est vrai qu'il sait bien ce qu'il nous laisse, une guerre civile, inévitable, désespérée; il sait bien qu'il n'a qu'à laisser faire les frères et amis de l'*Internationale*. Il n'a pas besoin de demander la destruction de l'insolente colonne de la place Vendôme, élevée avec les canons d'Iéna; la *Commune*, il le sait bien, se chargera de cette besogne!!!

8 mars 1871.

H. DE VONNE.

P. S. — Tout ce que je disais de la décadence de l'esprit militaire en France, et de
ses défaillances trop nombreuses pendant la
dictature de M. Gambetta, ne s'applique qu'à
ces ramassis de monde improvisés depuis
Sedan, qui manquaient de discipline, de vieux
officiers, souvent d'armes, et parfois de tout.
Il ne peut être question de la brave armée
d'Aurelle de Paladines et de Chanzy; il ne
peut être question des soldats vaincus, mais
glorieux, de Weissembourg et de Reishoffen,
de cette valeureuse et patiente armée de Metz,
qui a livré ces batailles de Gravelotte et de
Borni, les plus importantes du siècle, a dit
M. Thiers; cette armée de Metz, qui à peine
reformée et secondée par une notable partie
de l'armée de la Loire, vient de prendre en
un mois cette terrible enceinte de Paris, et a

vaincu cette insurrection, une des plus formidables qui se soient produites en aucun
pays.

Voici, dans une lettre de Paris, un tout
petit coin du tableau de ces combats gigan-
tesques de huit jours, qui se sont livrés sous
les yeux et au grand ébahissement de messieurs les Prussiens, qui nous croyaient dejà
passés à l'état chronique de soldats napoli-
tains....

« Mon cher ami, je n'oublierai jamais
l'émotion indicible que nous produisit le premier pantalon rouge que nous vîmes traver-
ser la rue Blanche. Une dizaine de soldats
arrivèrent sous nos fenêtres au pas gymnas-
tique, venant de la rue Moncey ; puis vint le
capitaine tout tranquillement, se promenant
au milieu des balles, et regardant à droite et
à gauche, la canne à la main :

« Allons, mes enfants, ne vous exposez
« pas ; mettez-vous dans les encoignures, pas
« d'imprudence, et dès que vous en verrez un,
« tirez dessus. »

« Puis, ayant tout disposé, il s'en alla vers
un autre groupe d'un pas aussi mesuré que si

les balles n'avaient pas sifflé à ses oreilles : c'était superbe ! etc. »

Avec des capitaines de cette trempe, les bons soldats se font vite.

Juin 1871.   H. DE V.